무대에서 빛나는 참신한
곡 모음집

홍예나의

콩쿠르 곡집

홍예나 저

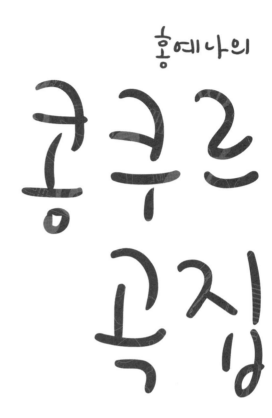

samhoETM

KB188146

머리말
preface

연주를 좌우하는 가장 중요한 요소는 적정 템포입니다. 적정 템포란 곡마다 다르며, 마치 한 곡이 입는 '잘 어울리는 옷'과 같아서 비록 알레그로라고 표시되어 있어도 템포는 일률적으로 정해진 것이 아닙니다.

적정 템포에 이르지 못하면, 연주의 퀄리티와 몰입도가 떨어질 수 있습니다. 이를 보완하기 위해, 본 교재에서는 곡마다 해설 페이지에 적정 템포를 기입했습니다. 이 황금 속도가 여러분의 연주를 더욱 멋지게 만들어줄 것입니다. 다만, 빠른 속도에서 메트로놈을 맞추는 것은 좋지 않으므로, 이 템포는 대략적인 속도감을 전달하기 위한 수치일 뿐입니다.

또한, 모든 곡은 직접 피아노 앞에서 연주하며 페달링을 기입하여, 오류가 적고 현실적이며 정확한 페달링을 제공합니다.

곡마다 기입된 적정 연령대는, 일반적으로 곡의 난이도를 감안한 추천 연령일 뿐입니다. 아이들마다 잠재력이 다르므로, 레스너가 이를 정확히 판단하는 것이 가장 좋습니다.

마지막으로, 옥타브 X 표시는 옥타브가 가끔 나오더라도 단음으로 바꿔도 무방한 곡을 의미하며, 옥타브 O 표시는 옥타브가 닿지 않는 손 크기로는 연주가 벅차거나 효과가 떨어질 수 있는 곡임을 나타냅니다.

현명한 선곡과 적절한 스피드로 멋진 연주가 되길 바랍니다.

2024년 10월

홍예나

목차 *context*

옥타브 X 2~4학년

1 Baba Yaga

바바야가

A. Khevelev

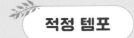 **적정 템포** ♩ = 90

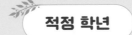 **적정 학년** 유치부~2학년

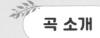 **곡 소개**

바바야가는 러시아 동화에 나오는 마녀로, 심술 궂을 때도 있지만 때로는 사람들을 도와주기도 한다고 해요. 왼손의 빠른 스타카토 연속이 a단조와 만나 긴박감 있는 분위기를 조성합니다. 11마디부터 더욱 사나운 분위기로 진행하며 팽팽한 긴장감이 지속되는 곡입니다. 콩쿨 연주 시 연주 시간을 늘려야 한다면, 20마디에서 2번째 마디로 돌아가 반복하면 좋습니다.

연주와 연습 팁

지속적인 스타카토 반주에서 역동감을 잘 살리려면 적절한 템포로 속도를 올리고, 둔하지 않은 가벼운 스타카토가 필요합니다. 불필요한 음에 무게가 실리지 않도록 주의하며, 매끄러운 흐름을 살리며 연주하는 것이 중요합니다.

7마디부터는 비트를 살짝 악센트하듯이 강조하면 음들이 몰리지 않고 역동감이 높아집니다. 하지만 과하게 표현하면 역효과가 나므로, 손끝으로만 살짝 '콕' 찍어주는 정도로 악센트를 주면 좋습니다.

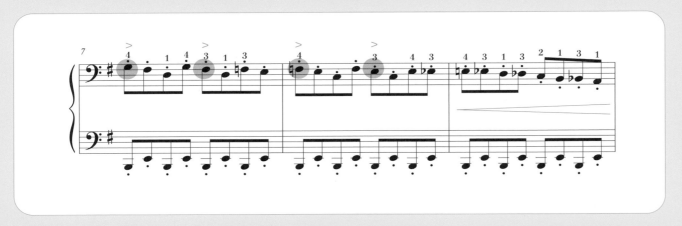

리드미컬한 생동감을 살려주기 위해 상대적으로 긴 점4분음표는 테누토 느낌으로, 상대적으로 짧은 4분음표는 스타카토 느낌으로 아티큘레이션을 주어 생동감을 높여줍니다.

Baba Yaga

바바야가

A. Khevelev

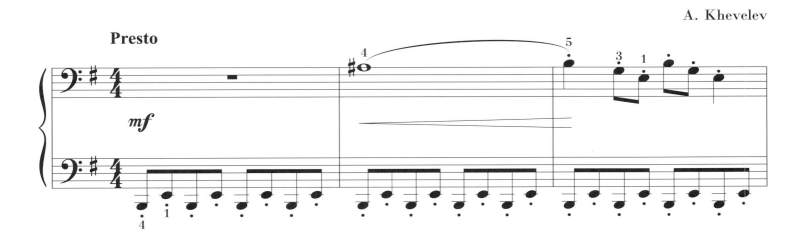

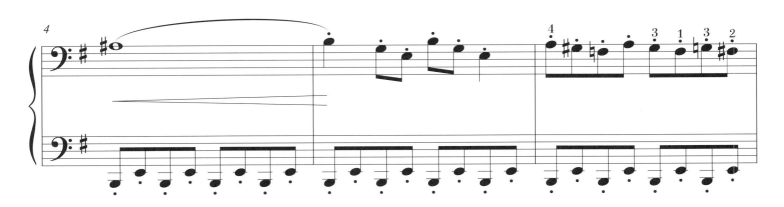

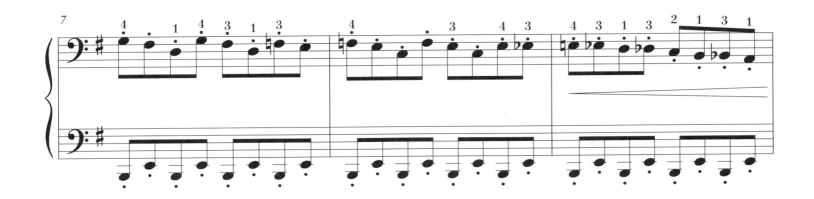

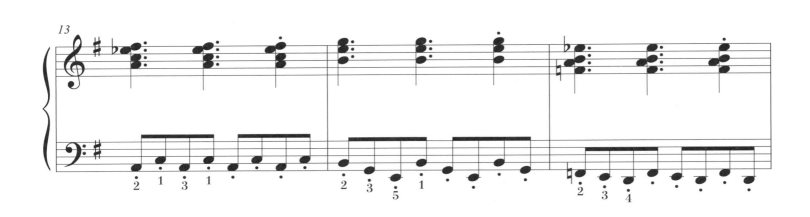

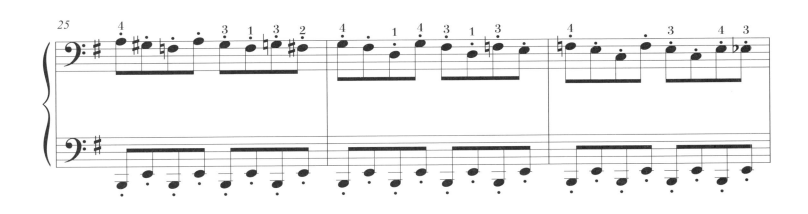

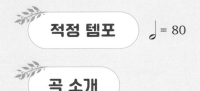

Dance of the Aborigines

Japanese Festival No. 12

원주민의 춤

Y. Nakada

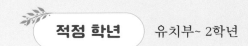

적정 템포 ♩ = 80

적정 학년 유치부~ 2학년

곡 소개

일본 작곡가인 Yoshinao Nakada의 곡으로, 시종일관 지속되는 스타카토 반주가 역동적인 느낌을 주는 곡입니다. 5도 이상으로 펼쳐야 하는 화음이 없어 아주 작은 손으로도 연주할 수 있어서 효과가 좋은 곡입니다.

연주와 연습 팁

왼손 선율은 처음에 강하게(f) 시작한 후, 두 번째 마디부터 갑작스럽게 줄여야 합니다. 그리고나서 세 번째 마디부터 나오는 오른손 선율이 명확히 들리도록 왼손을 가볍게 줄이면 오른손이 더 선명하게 표현됩니다.

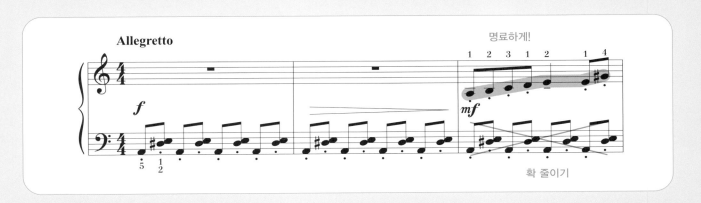

두 번째 악절부터는 왼손이 선율을 맡고, 오른손이 화음을 연타하며 반주의 역할을 하기 때문에 특히 밸런스를 맞추는 것에 주의해야 합니다. 그렇지 않으면 정신 사나운 연주가 되버리고 맙니다.

2
Dance of the Aborigines

원주민의 춤

Japanese Festival No. 12

Y. Nakada

Allegretto

3 Matryoshka

마트료시카

I. Parfenov

 ♩ = 135

 유치부~ 3학년

마트료시카는 나무로 만든 러시아의 전통 목각 인형이며, 아주 작은 크기의 인형을 큰 인형 속에 넣는 구조로 만들어진 인형으로 이 곡은 마치 인형이 움직이는 것 같은 생동감이 톡톡 튀는 재미있는 곡입니다.

연주와 연습 팁

이 곡은 연속된 엇박이 나오므로 리듬이 흔들리지 않게 각별한 주의가 필요합니다. 몇 마디만 6마디 하단에 적어놓은 리듬처럼 왼손 8분음표 리듬을 바꿔 연습하면 효과적입니다.

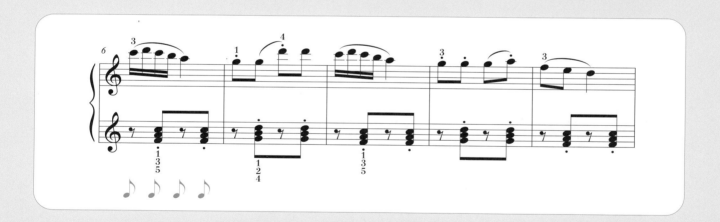

이 부분은 오른손 화음 제일 윗 음이 명료하게 튀어 주인공이 되어야 하는 부분입니다. 흔히 화음 자체를 세게 치는 경향이 있어 오른손의 멜로디가 묻히기 쉬운데, 주인공이 되어야 하는 화음 맨 윗음의 손가락 번호를 색연필로 큼직하게 표시해 주세요. 뇌가 인지한 시각정보를 즉각 손가락 끝으로 전달해 주기 때문에 효과가 좋습니다.

3
Matryoshka
마트료시카

I. Parfenov

16

4 Durch Wald und Feld

Op. 206, No. 3

L. Gurlitt

숲과 들판을 건너

Op. 206, No. 3

 **적정 템포** ♩ = 150

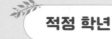 **적정 학년** 유치부~1학년

 곡 소개

도입부는 a단조로 어두운 숲을 연상시키며, 두번째 악절부터의 같은 으뜸음조 A장조는 어두운 숲과 대비된 평온한 들판을 묘사합니다.

연주와 연습 팁

도입부에 양손이 나누어 치는 구조는 작은 손으로 쉽게 연주하기 위한 편의성일 뿐이므로, 한손으로 치듯 매끈한 레가토로 연주합니다. 왼손 화음은 가볍게 연주해 선율 흐름에 지장을 주지 않도록 합니다.

아래는 두번째 악절입니다. 평온하고 선율적인 두번째 악절의 표현이 더 어려울 수 있습니다. 한음씩 누르지 말고, 긴 흐름을 끈적한 레가토 터치로 끌고가도록 합니다. 특히 표시한 끝음 처리에 신경써야 자연스러운 선율로 들립니다. 끝음은 조용히 여운을 느끼며 지긋한 터치로 표현해줍니다.

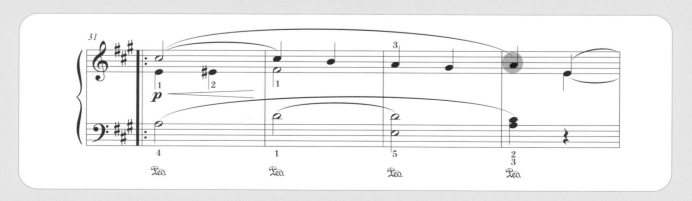

4
Durch Wald und Feld
숲과 들판을 건너
Op. 206, No. 3

L. Gurlitt

20

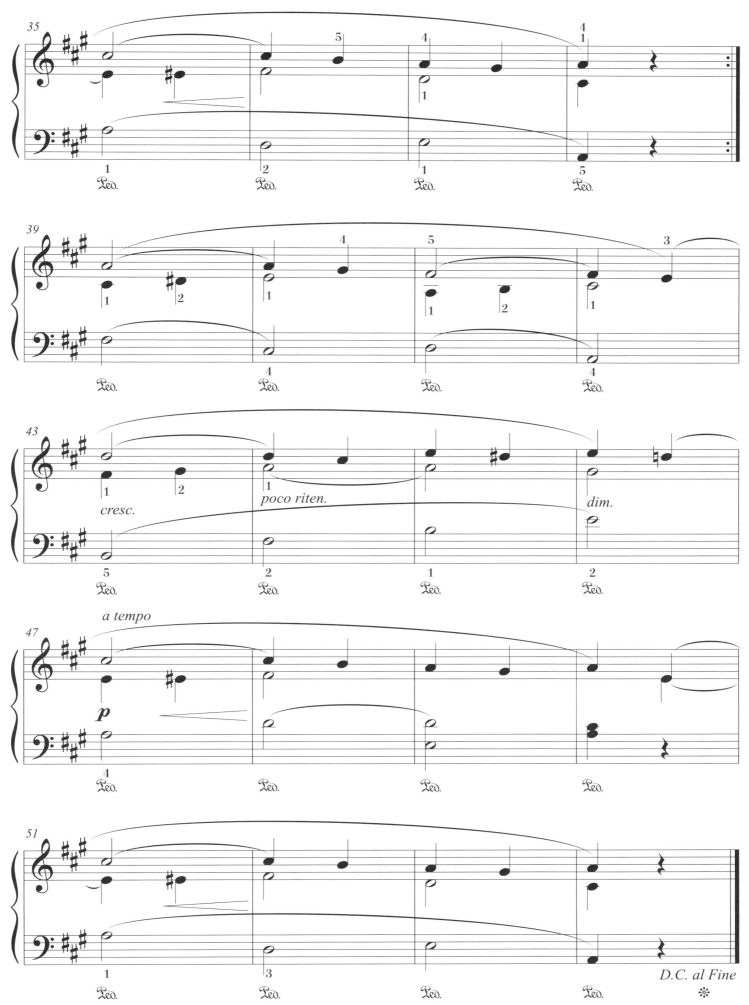

5 Tarantella

타란텔라

T. Lack

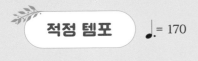 **적정 템포** ♩. = 170

 **적정 학년** 1~2학년

 **곡 소개**

19세기 프랑스 피아니스트이자 작곡가였던 테오드르 락의 '낭만적 작은 에튀드 모음집' Op.41에 수록된 곡으로, 긴장감 있는 도입부로 시작해 맹렬한 메인 선율이 등장하는 진행이 매력적인 완성도 높은 곡입니다. 연주 시간을 늘려야 한다면 48마디에서 다시 13마디로 돌아가 반복하면 좋습니다.

연주와 연습 팁

무턱대고 작은 소리만 내려고 하면, 아무 표현도 느껴지지 않을 뿐더러 소리만 빠지게 됩니다. 1마디의 *pp*에서는 아직 드러나지 않은 어떤것의 긴장감을 표현하다가, 9마디부터 점점 크레셴도 되며 메인 선율이 드러나기 시작하는 분위기를 잘 살리도록 합니다.

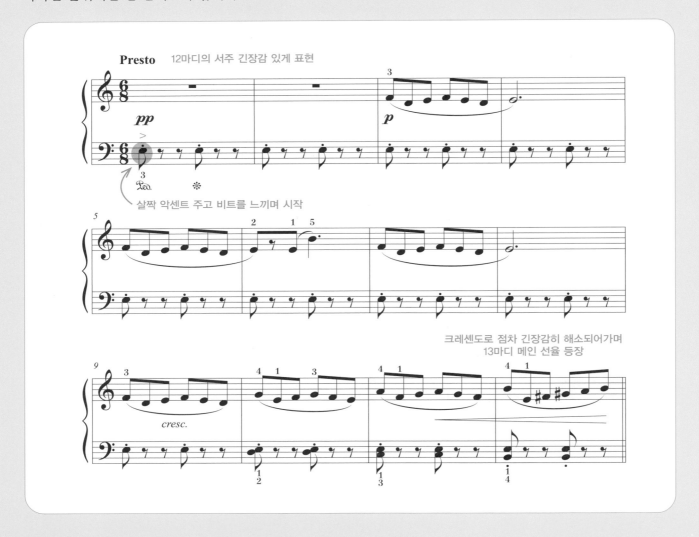

이 부분은 최고점에서 점진적으로 줄어드는 표현이 필요합니다. 가장 강렬한 5번 손가락부터 그 후로 순차적으로 4, 3, 2, 1로 줄어드는 것을 표시해 주면 점진적 다이내믹을 표현하기 쉽습니다. 특히, 소리가 줄어들면서 밋밋해지거나 리듬이 흔들리는 것을 방지하기 위해 표시해 두었던 왼손 음을 아주 살짝만 손끝 콕 찍듯이 비트를 살려주면 더욱더 효과적입니다. 재현부로 들어가기 직전, 아주 살짝 늘어지는 뉘앙스를 위해 물결 표시를 해 두었습니다. 이 표현은 적절한 음악적 호흡을 줍니다.

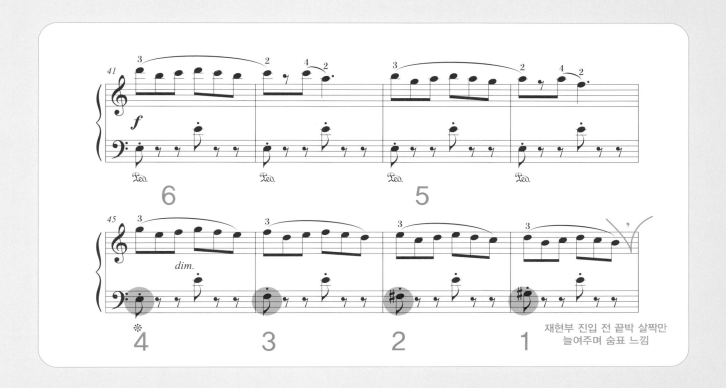

재현부 진입 전 끝박 살짝만
늘여주며 숨표 느낌

5
Tarantella
타란텔라

T. Lack

6 Divertimento in C major

디메르티멘토

F. Hyden

적정 템포 ♩ = 135

적정 학년 1~3학년

곡 소개

'디베르티멘토'는 18세기에 유행한 모음곡으로, '즐겁게 하기' 라는 뜻의 이탈리아어 디베르티레(divertire)에서 유래되었습니다. 하이든이 작곡한 곡들 중, 소나타보다 난이도가 좀 더 쉬운 소나타 형식의 악곡을 '디베르티멘토'라고 부르기도 합니다.

연주와 연습 팁

도입부의 꾸밈음은 무난하게 연주할 수 있지만, 손가락 민첩도가 높다면 '레도시도'를 4321번 손가락으로 연주하면 더욱 세련된 연주가 됩니다.

전반적으로 왼손 음표가 16개, 오른손이 4개밖에 없으므로 밸런스를 각별히 주의합니다. 마치 적군 16명을 아군 4명이 이겨야하는 상황과 비슷합니다. 왼손은 바늘로 치듯 가는 소리로, 오른손은 명료한 선율로 살려야 합니다. 오른손 음들이 한 방향으로 흐르는 것을 느끼며 흐름을 살려줍니다.

6

Divertimento in C major

디베르티멘토

F. Hyden

7 Snurretoppen
팽이

C. Nielsen

적정 템포 ♩. = 90

적정 학년 1~3학년

곡 소개

'칼 닐센'은 덴마크의 작곡가이자 바이올리니스트이며 그리그, 시벨리우스와 함께 북유럽 국민악파 3대 거장으로 꼽힙니다. 교향곡을 주로 작곡하였으나 피아노를 위한 소품도 남겼습니다. 그중, 〈팽이〉는 '유모레스크 바가텔 Op.11' 중 두번째 곡으로, 쉼 없이 돌아가는 팽이를 묘사하듯 오른손의 음형이 쉼 없이 빠르게 반복됩니다. 의외로 어렵지 않은 패턴이며 손가락 쓰임새가 수월한 곡입니다.

연주와 연습 팁

도입부의 왼손 긴 슬러는 손을 연결하기보다는 하나의 흐름을 의미합니다. 아티큘레이션은 손끝만 살짝 떼어주는 것으로 충분합니다. 곡 시작 첫 음을 **f**로 '빰~' 울려주고 **p**로 여리게 진행한 뒤, 프레이즈 후반에 다시 크레셴도하여 밋밋하지 않도록 몰입감을 줍니다. 특히 오른손은 명료하게, 왼손은 가볍게 조절하면 전체적인 소리가 균형이 잡히게 됩니다. 의도적으로 표현할 수 있도록 노력이 필요합니다.

자칫 밋밋해질 수 있는 비슷한 패턴의 반복이 되지 않도록 다이내믹, 왼손 아티큘레이션 변화로 분위기 전환을 확실하게 살려주도록 합니다.

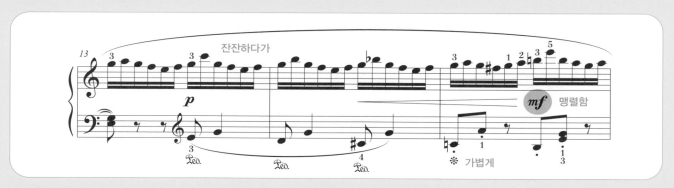

7
Snurretoppen
팽이

C. Nielsen

8 Gavotte
가보트

I. Parfenov

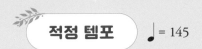 **적정 템포** ♩ = 145

 **적정 학년** 1~3학년

 곡 소개

동화나라 요정의 춤이라고 해도 될 만큼 밝고 예쁜 D장조로 시작합니다. 11마디부터 관계단조인 b단조로 바뀌면서 분위기가 어둡게 반전됩니다.

 연주와 연습 팁

장미에게 가시가 있듯이 예쁜 곡에는 표현이 어렵다는 함정이 있습니다. 예쁜 사운드로 들리려면 오른손의 맨 윗음인 소프라노 보이스가 명료하게 들려야 하며, 왼손은 시종일관 사뿐하게 연주해야 합니다. 색칠한 선율 라인인 소프라노 음들을 노래하듯이 연주하도록 합니다. 왼손 화음은 꽝꽝 시끄러워지지 않고 우아하게 연주할 수 있도록 주의가 필요합니다.

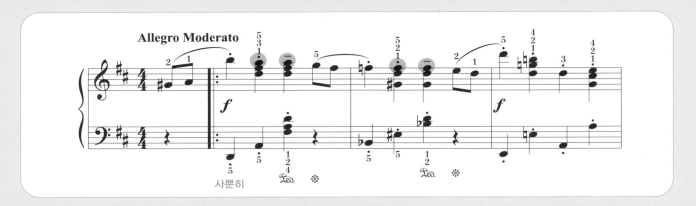

11마디부터는 확실한 대비감을 주어 밝음과 어두움의 성격을 극명하게 표현하는 것이 중요합니다. 마치 예쁘고 아름답기만 하던 동화나라에 갑자기 먹구름이 스멀스멀 끼듯이, 쨍쨍한 밝음에 대비되는 어두움을 확실하게 표현하도록 합니다. 몰입감과 대비감이 뚜렷한 연주를 하고 싶다면, 셈여림에 너무 과몰입하지 않고 조성과 성격의 대비가 확실한 지점에서 볼륨 조절과 뉘앙스 표현을 세밀하게 표현해 봅니다.

모범연주 영상

8
Gavotte
가보트

I. Parfenov

9 Fantasia in G minor

판타지아

G. Telemann

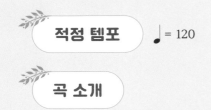

적정 템포 ♩ = 120

적정 학년 1~3학년

곡 소개

게오르크 필리프 텔레만은 독일의 바로크 음악 작곡가입니다. 요한 세바스티안 바흐, 안토니오 비발디와 같은 시대에 활동했던 사람으로, 당대에는 바흐 못지 않은 능력으로 인정받았다고 합니다. 이 곡은 그의 상당히 많은 '판타지' 중 한 곡으로, 단호하고 위엄있는 느낌의 g단조 곡입니다. 동시대 작곡가인 비발디의 영향을 받았으며, 역동적인 현악 파트의 화려함을 피아노로 옮겨놓은 듯한 곡입니다.

연주와 연습 팁

많은 바로크, 초기 고전 곡들이 그러하듯 연결되지 않은 모든 8분음표는 논레가토로 연주하고 16분음표는 연결하며, 4분음표 음가(note value)에 주의합니다.

논레가토라고 해서 손을 하나씩 들어올리면, 제 스피드를 낼 수 없음은 물론 연주도 투박해지므로, '손을 뗀다.' 라는 표현 보다는 '연결하지 않는다.' 라는 표현으로 기억해 봅니다.

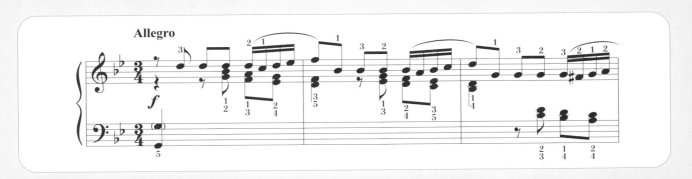

본래 장식음은 바로크 시대에는 즉흥적인 요소 중 하나였으므로 연주자마다, 또 그날의 기분에 따라 각각 다른 장식음을 넣곤 했습니다. 그렇기 때문에, 장식음이 획일적으로 정해진 것은 아니며, 여러 옵션중의 선택이라고 보는 편이 적절합니다.

아래의 부분에서는 본인의 손가락 민첩도에 따라 선택합니다. 보통은 232 모르덴트로 치는 것이 무난하지만, 손가락 민첩도가 높고 자신 있다면 거꾸로 윗음부터 시작해 3232 의 모르덴트로 처리하는 것이 더 예쁘게 들릴 수 있습니다.

9
Fantasia in G minor
판타지아

G. Telemann

Allegro

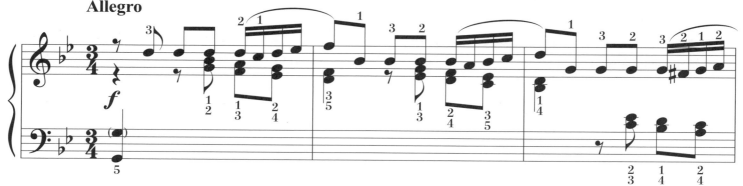

10 Sonatine

3 Sonatines, Op. 59, No.1

F. Kuhlau

소나티네

적정 템포 ♩ = 130

적정 학년 1~3학년

곡 소개

A장조의 아름답고 밝은 선율로 시작해 10마디부터 단조로 바뀌며 슬픈 스케일이 점차 고조되다가, 14마디부터 맹렬한 역동으로 치닫고, 다시금 22마디의 여리여리한 예쁜 선율로 돌아오는 흐름이 매력적인 쿨라우의 숨겨진 명곡입니다.

연주와 연습 팁

이 곡은 전형적인 고전 스타일의 왼손 반주와 오른손 선율로 구성된 곡입니다. 이런 곡을 연주할 때 가장 중요한 것은 스피드와 밸런스인데, 이 두 요소에 따라 연주의 느낌이 크게 달라집니다. 특히 이 곡은 처음부터 겹단음 반주 패턴이 나오기 때문에 주의해야 합니다. 그래서 더욱더 극단적으로 밸런스를 맞추는 것에 신경써야 오른손의 천상의 선율이 명료하고 예쁘게 들립니다. 대략적으로 왼손은 10%, 오른손 90% 정도로 밸런스를 만든다고 상상해 봅시다. 밸런스는 셈여림보다 더 중요합니다. 왼손은 얹어만 놓듯이 극도로 조용하게, 오른손은 풍성한 톤으로 노래해 주어야 합니다.

악보에 나온 모든 아티큘레이션 표시는 크게 의미부여를 하거나 과하게 애쓰면 오히려 어색해집니다. 미묘한 뉘앙스만 표현할 수 있도록 처리하고, 가장 중요한 선율의 흐름에 집중하는 것이 좋습니다.

Sonatines

소나티네

3 Sonatines, Op. 59, No.1

F. Kuhlau

52

54

Sonata

Sonata in D major, Hob XVI:37, Finale

F. Haydn

소나타

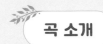

적정 템포   ♩ = 120

적정 학년   1~3학년

곡 소개

하이든 소나타의 3악장으로, 프레스토의 생기발랄함이 돋보이는 곡으로, 23마디부터 같은으뜸음조인 d단조로 바뀌어 강렬한 대비로 전환되는 것이 이 곡의 포인트입니다.

연주와 연습 팁

빠르고 경쾌한 느낌의 곡에서 연결되지 않은 8분음표는 사실상 스타카토로 연주되는 경우가 많습니다. 손을 들어올리라는 의미가 아닌 음색을 가볍게 하라는 의미입니다. 특히 셈여림이 피아노로 진행될 때는 무작정 작은 소리를 내기 보다는 가벼운 분위기를 표현해야 하기 때문에 왼손은 극도로 가볍고 짧게, 오른손은 명료하게 처리해야 합니다.

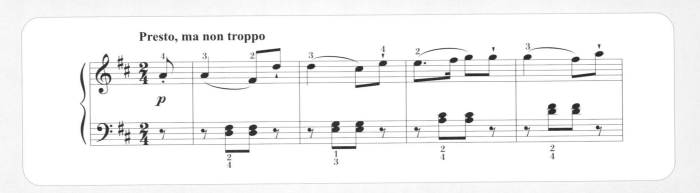

13마디 마지막의 포르테에서는 분위기 전환과 대비감을 확실하게 표현해 주어야 합니다. 고전곡의 매력 중 하나가 바로 대비감이기 때문입니다. 손이 작은 경우 왼손 옥타브가 나오면 베이스 음만 연주하면 됩니다. 이때 주의할 것은 소리도 약하고 손 모양도 무너질 가능성이 높은 새끼 손가락을 굳이 쓸 이유가 없으므로 3번 손가락을 사용하는 것이 좋습니다.

Sonata

소나타

Sonata in D major, Hob.XVI:37, Finale

F. Haydn

Presto, ma non troppo

64

12 Grandpa and donkey

할아버지와 당나귀

I. Parfenov

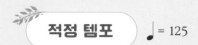 **적정 템포** ♩ = 125

 **적정 학년** 2~4학년

 **곡 소개**

익살스러운 느낌이 가득한 전형적 표제음악 스타일 곡으로, 표현력이 특히 중요한 곡입니다. 원전 악보에도 작곡가가 곳곳에 상황묘사를 적어놓은 점이 흥미롭습니다. 지도하실 때 악보에 표기한 상황묘사를 아이가 느끼고 표현할 수 있도록 이끌어 주세요. 이론적인 설명보다는 직관적인 상상력이 더욱 효과적입니다.

연주와 연습 팁

도입부는 전형적인 왼손 반주와 오른손 선율의 구조로 이루어져있는데, 이런 곡의 경우는 밸런스가 매우 중요합니다. 생각하는 것 그 이상으로 왼손은 극도로 가볍게, 오른손은 명료하게 연주해야 오른손 선율이 귀에 선명하게 들어오게 됩니다.

13마디에 나오는 악보는 운지법이 어려울 경우, 다음과 같은 손가락 번호를 사용해도 무방합니다.

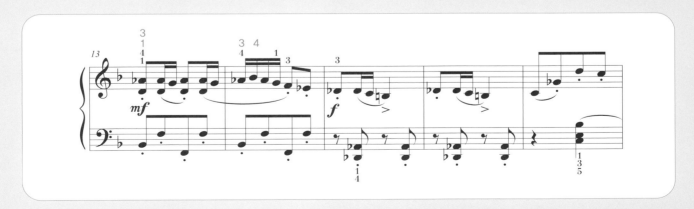

12
Grandpa and donkey
할아버지와 당나귀

I. Parfenov

산책 중인 할아버지와 당나귀

모범연주 영상

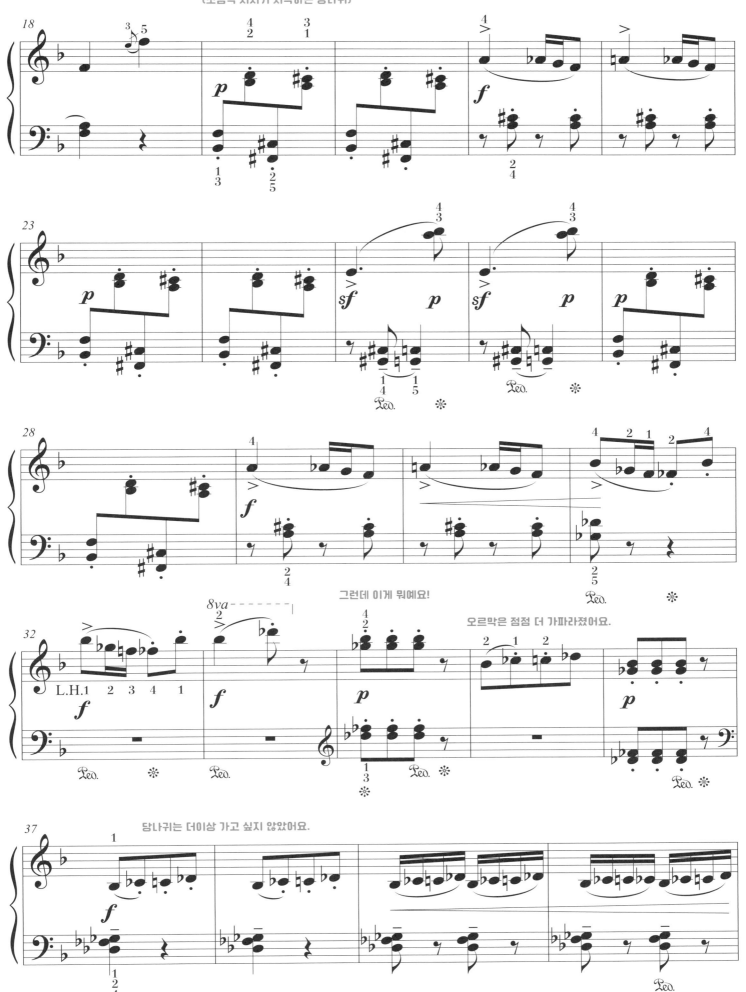

당나귀는 큰 소리로 울었고,
할아버지는 화가 났어요.

하지만 계속 터벅터벅 나아갔고

다시 모든게 괜찮아졌어요.

70

당나귀는 투정을 부리고, 할아버지는 듣고 있어요.

13 Fluttering Leaves

흔들리는 나뭇잎

C. Koelling

 적정 템포 ♩ = 130

적정 학년 2~4학년

곡 소개

어린이 학습용 곡임에도 상당한 작품성과 탄탄한 구조를 갖춘 명곡입니다. 강렬한 a단조의 화음으로 시작해, 맹렬함, 가벼움, 포근함, 서정적 선율을 두루 갖추고 있습니다.

연주와 연습 팁

1~2마디는 연주 중 리듬이 무너지는 실수가 많습니다. 특히, 스피드를 올리게 되면 누구나 리듬감이 희미해지므로 상당한 주의가 필요합니다. 실수하지 않도록 도입부만 8분음표를 한 박으로 세길 권합니다. 촘촘하게 박자를 세면 더욱 정확한 리듬감을 습득할 수 있으며 음가가 부족한 현상이 예방됩니다.

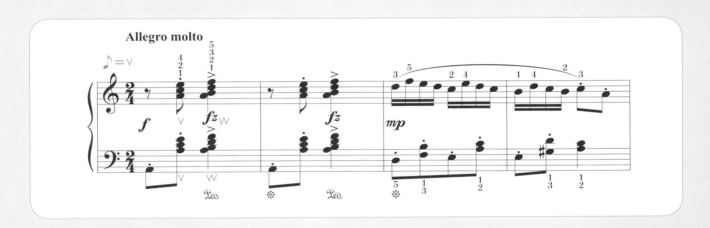

연주에 몰입감을 주는 가장 큰 요소는 '대비감' 입니다. 9마디에서 확실한 음색의 대비를 주는 것이 중요합니다. 무작정 작게만 치려고 하지 말고, 오른손 고음역대를 쨍쨍하게, 왼손은 극단적으로 가볍고 작게 처리하는 것이 비법입니다.

13

Fluttering Leaves

흔들리는 나뭇잎

Allegro molto

C. Koelling

14 La Fileuse
베틀가

F. Burgmuller

적정 템포 ♩ = 92

적정 학년 2~4학년

곡 소개

부르크뮐러 18 연습곡 중 맨 마지막곡으로, 제목에서 알 수 있듯 물레가 돌아가는 느낌을 표현한 아름다운 곡입니다. 밝은 D장조로 시작한 뒤, 9마디부터 관계단조인 운치있는 b단조로 바뀌며 분위기가 급반전 됩니다. 다시 장조로 돌아와 포르티시모의 클라이막스로 진행되는 흐름이 이 곡의 매력입니다.

연주와 연습 팁

도입부의 마르카토 음들을 너무 세게 누르려고 애쓰지 않도록 합니다. 악보에도 나와있듯 'leggierissimo' 즉, 극도로 여리여리하고 아름다운 분위기를 표현해야 합니다. 마르카토가 표시된 음들의 선율 라인을 노래하는 것이 중요한데, 그저 살짝만 지그시 음미하는 타건이면 충분합니다.

어두운 분위기의 b단조에서는 왼손의 선율을 풍성하게 살리면서, 오른손은 불필요하게 손을 떼지 말고 건반 위에 살짝 얹어 연주하는 것이 좋습니다. 마치 오른손이 화성적으로 색을 칠해주는 느낌으로 표현하면 자연스러움을 더할 수 있습니다. 왼손의 톤을 풍성하게 만들기 위해서는 각 음을 연결하지 않는 지긋한 터치로 처리하면 깊고 풍성한 톤을 만들 수 있습니다. 중요한 점은 손을 억지로 떼지 말고 '연결하지 않는' 느낌만 유지하는 것입니다. 이는 톤을 살리기 위한 의도입니다. 연주 영상을 참고하면 좋습니다.

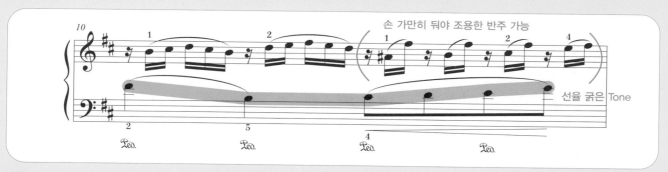

모범연주 영상

14
La Fileuse
베틀가

F. Burgmuller

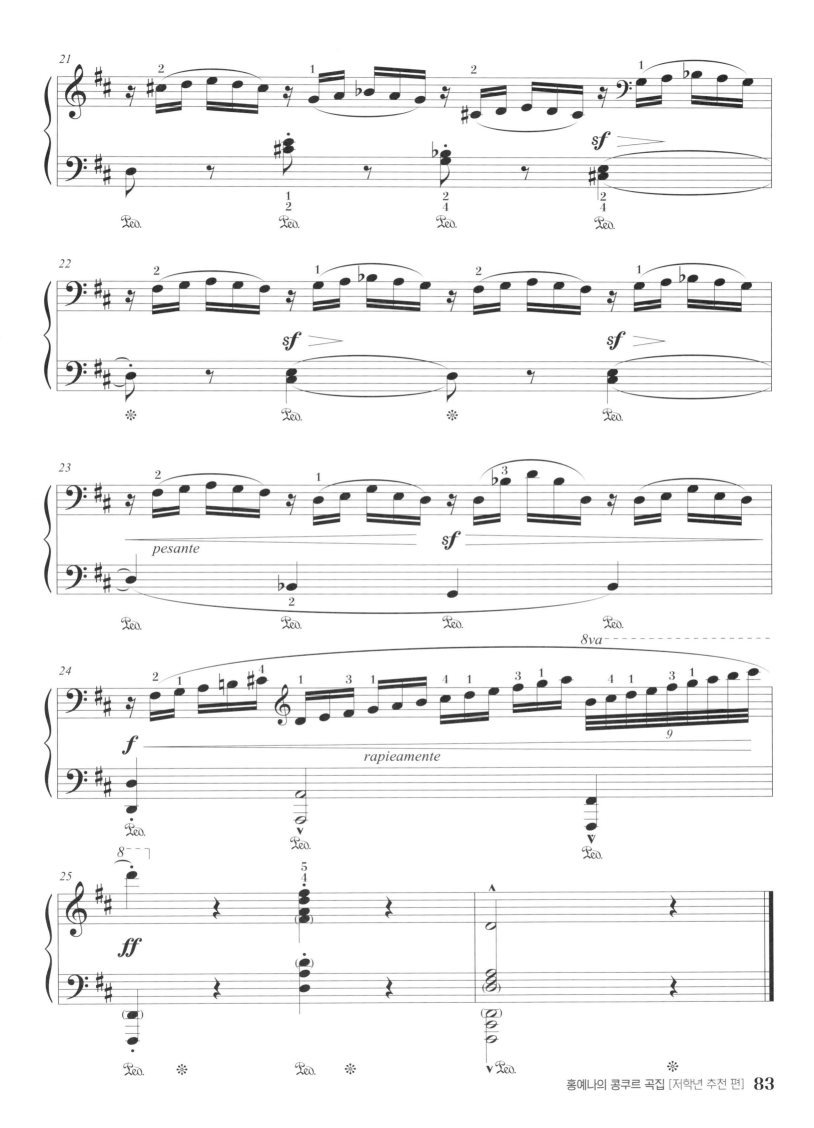

15 Caprice
Studies and Study Pieces

A. Schmoll

카프리체

 적정 템포 ♩. = 80(한 마디)

적정 학년 2~4학년

곡 소개

독일의 낭만파 작곡가 슈몰의 곡이며, 작품번호가 따로 없는 '프레이징 표현을 위한 연습곡집'에 수록된 곡입니다. 다음의 곡 해설은 작곡가가 직접 기록한 원문에서 번역해 가져왔습니다.

"상상력이 풍부한 학습자라면 우아한 춤을 추는 요정들을 상상할 수 있습니다. 이것은 학습자로 하여금 가볍고 섬세한 터치로 연주할 수 있도록 할 것입니다. 또한 기술적인 면을 완벽하게 익혀야 해석적인 면이 제대로 발휘될 수 있습니다."

연주와 연습 팁

기대감이 담긴 서주로 시작해 밝고 아름다운 16분음표 선율로 진행하는 E장조 곡입니다. 4마디부터 나오는 stringendo 표현에 주의하며, 시작은 반꼬집만큼 여유를 주는 듯 하다가 프레이즈 후반에서 살짝 올라가는 아고직(Agogic)을 주어 포르티시모의 코다까지 단숨에 몰아가는 흐름으로 표현해 줍니다. 이때 중요한 것은 5~6마디 오른손 소프라노 보이싱입니다. 화음 전체를 세게 치지 말고, 오른손 윗음(2-3-4-5 오른손 손가락)이 튀어나와야 전체적으로 예쁜 사운드가 나올 수 있도록 연주합니다.

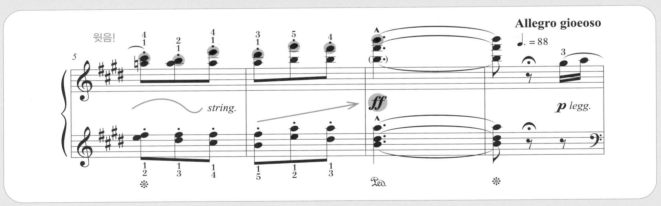

메인 선율의 첫 음인 9마디의 첫 8분음표는 의도적으로 연결하지 않음으로써 톤을 살릴 수 있습니다. 이는 손을 억지로 떼라는 의미가 아니라, 8분음표 첫 음의 톤을 지그시 터치하려는 의도입니다. 이후 이어지는 16분음표들은 섬세하고 명확하게 들려야 하며, 왼손이 이를 방해하지 않도록 가볍고 우아하게 연주해야 합니다. 특히 단음과 밀집화음이 함께 등장할 때, 밀집화음에만 무게를 주면 연주가 절뚝거리거나 정신 사납게 들릴 수 있으므로, 단음과 화음을 고르고 가볍게 연주하는 것이 중요합니다.

15
Caprice
카프리체

Studies and Study Pieces

A. Schmoll

모범연주 영상

88

16 Variations on a theme of Paganini
파가니니 변주곡

N. Vygodsky

적정 템포 ♩ = 140

적정 학년 2~4학년

곡 소개

러시아 작곡가 '비고드스키'가 작곡한 참신한 버전으로, 6개의 변주와 짤막한 피날레로 이루어져 있습니다. 다른 파가니니 변주곡에 비해 규모가 작아 전곡을 연주하기 버겁지 않다는 것이 장점입니다. 작곡가가 주석으로 '손이 작으면 옥타브는 빼고 칠 수 있다.' 라고 기재해 두었으므로 작은 손으로 멋진 연주를 할 수 있는 곡입니다. 2마디 나 4마디짜리 도돌이표는 반복없이 치라는 지시가 있는 콩쿨에서도 도돌이표를 지켜야만 자연스럽게 들립니다. 각 변주는 일관된 템포로 연주합니다. 예외로, 85마디의 피날레는 빠르면 빠를 수록 좋습니다.

연주와 연습 팁

작곡가가 주석으로 달아놓은 내용 중, 장식음이 어려우면 빼도 괜찮다는 내용이 있습니다. 원래대로 연주하기 위해서는 1-3번 손가락으로 연주해야 하는 장식음을 빛의 속도로 연주하고, 주요 음표를 치는 새끼손가락에만 모든 주의력을 다 해야 합니다. 괜히 장식음을 너무 의식하게 되면 주요 음표의 박자를 뺏어가면서 전체 리듬이 무너질 수 있으니, 특히 주의해야 합니다. 느린 연습을 할 때도 장식음은 주요 음표와 '거의 동시'에 순간적으로 처리 해야 합니다.

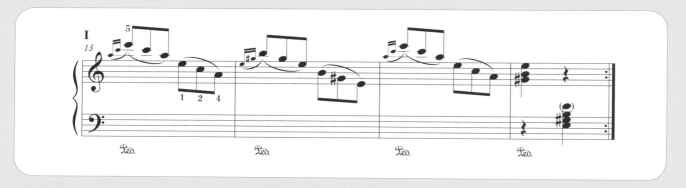

이 곡에서 가장 어려운 6번 변주는 손이 작으면 옥타브를 단음으로 쳐도 무방하다고 작곡가가 주석을 달았습니다. 단순 화음반주와 선율을 확실히 구분해서 밸런스를 맞춰주어야 합니다. 자칫 단순 반주가 선율을 압도해버리면 시끄럽고 정신 사납게 들릴 수 있기 때문입니다.

16
Variations on a theme of Paganini

파가니니 변주곡

N. Vygodsky

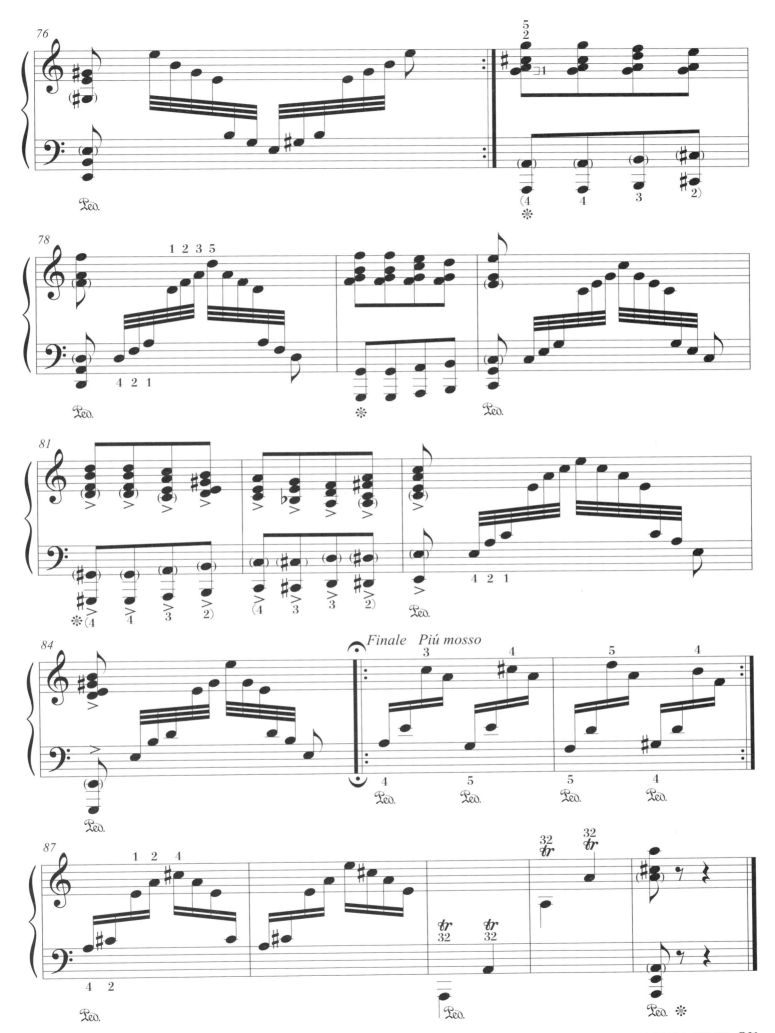

17 Knight Rupert

기사 루퍼트

R. Schumann

곡 소개

슈만의 어린이 앨범 중 한 곡으로, 도입부는 a단조의 저음역대로 시작해 4마디가 하나의 프레이즈로 진행하다가 화음으로 강렬히 마치는 구조입니다. 25마디부터 F장조의 섬세한 16분음표가 주는 반전적 대비감과, 잇달아 나오는 왼손 저음역 어두운 선율로 진행되는 흐름이 탄탄한 구조를 갖춘 명곡입니다.

연주와 연습 팁

도입부만 봐도 많은 수의 마르카토, 스타카토, 스포르찬도가 혼란을 줄 수 있습니다. 가장 중요한 것은 이 곡의 '흐름'이므로, 아티큘레이션을 과하게 지켜 손을 매번 들어올리거나 건반에 과한 힘을 가해 도리어 역효과가 나지 않도록 주의합니다. 아티큘레이션은 연주 표현의 한끗일 뿐이며, 곡의 흐름과 스피드가 절대적으로 중요합니다.

발전부 33마디부터 선율라인 톤을 확실히 살려줍니다. 33마디 오른손은 엎어놓듯이 연주하며, 왼손은 굵은 선율 레가토로 진행하다가 37마디부터 오른손 소프라노 선율을 명료하게 노래하도록 합니다.

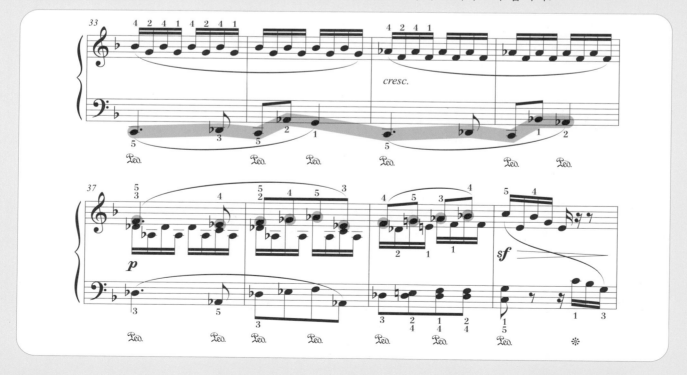

17
Knight Rupert

기사 루퍼트

R. Schumann

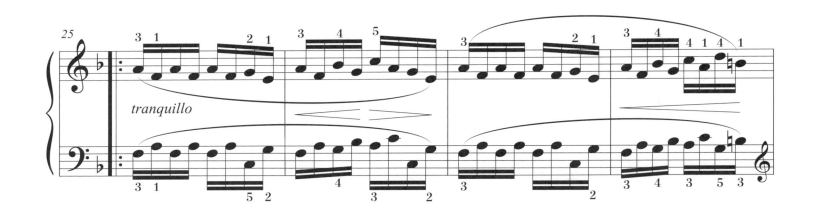

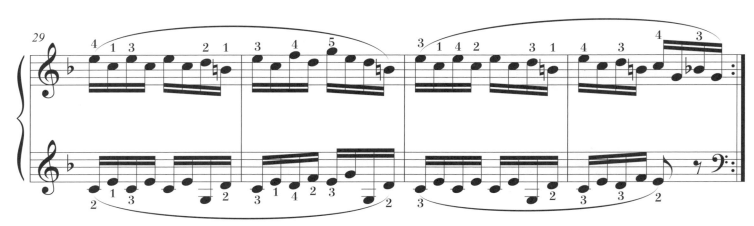

18 Will-o'-the-wisp

도깨비불

E. Macdowell

 **적정 템포**   ♩. = 90

 **적정 학년**   2~4학년

 곡 소개

에드워드 알렉산더 맥다월은 미국의 후기 낭만주의 작곡가이자 피아니스트입니다. 이 곡은 우즈랜드 스토리 앨범의 수록곡으로, 상당히 빠른 스피드로 f#단조의 어둡고 신비스러운 분위기를 자아내 홀연히 나타났다 사라지는 도깨비불을 잘 묘사한 곡입니다. 도깨비불은 수많은 전설, 동화 속에 등장하며 늪지나 습지에서 한밤중에 보이는 빛 현상으로 마치 깜빡이는 램프와 비슷해 여행자를 혼돈스럽게 만듭니다. 은유적으로 사람을 혹하게 하지만 도달할 수 없는 희망을 의미하기도 합니다.

연주와 연습 팁

8분의 9박자의 곡으로, 점4분음표를 한박으로 세어 한마디 안에 점4분음표가 3개 있다는 것을 인지하도록 합니다. 곡을 익힐 때 박자를 세기 어려울 수 있으므로, 아래와 같이 한 마디에 총 3박씩 묶어 표시를 해두면 훨씬 쉽고 정확하게 박자를 셀 수 있습니다. 리드미컬한 단선율의 4마디 서주를 지나 스피디한 16분음표가 시작되는데, 오른손은 건반에 무게를 주지 말고 극도로 가볍고 민첩한 터치로 표현하며, 왼손의 리듬과 노래에 집중하도록 합니다.

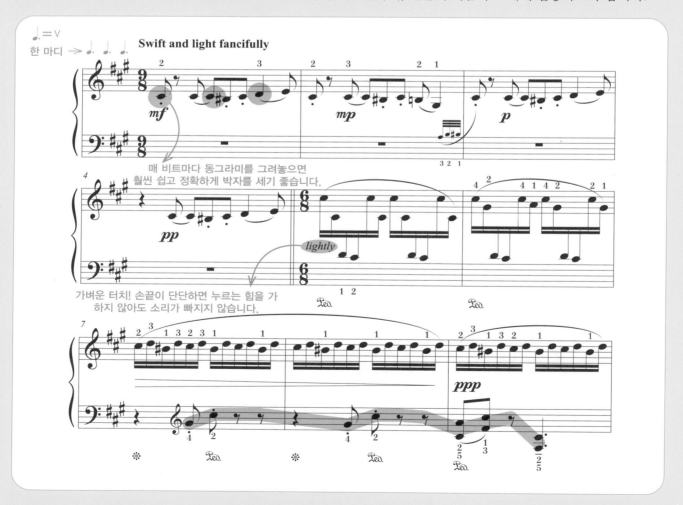

매 비트마다 동그라미를 그려놓으면 훨씬 쉽고 정확하게 박자를 세기 좋습니다.

가벼운 터치! 손끝이 단단하면 누르는 힘을 가하지 않아도 소리가 빠지지 않습니다.

18
Will-o'-the-wisp

도깨비불

Swift and light fancifully

E. Macdowell

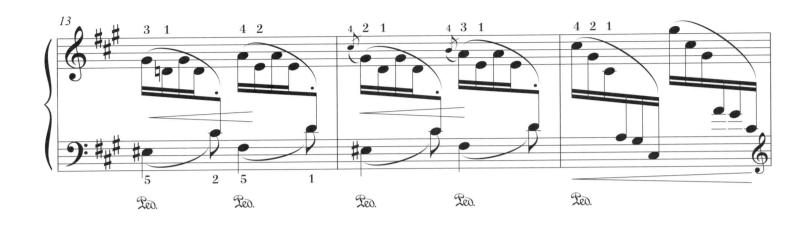

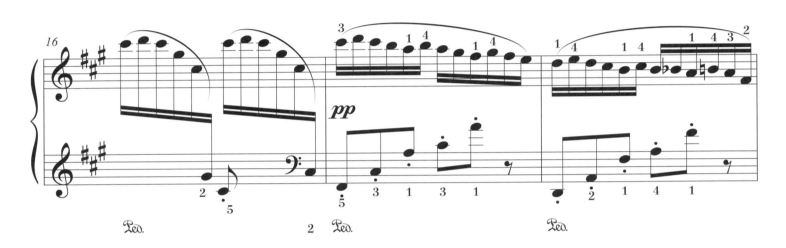

No. slower; lightly

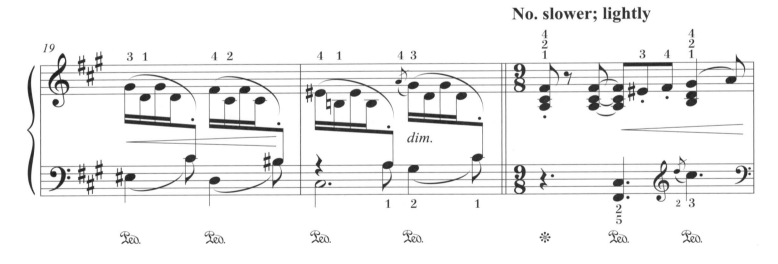

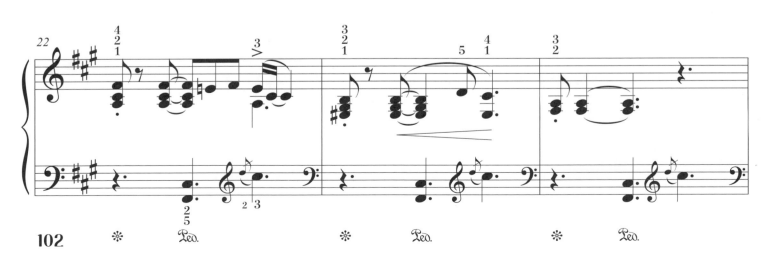

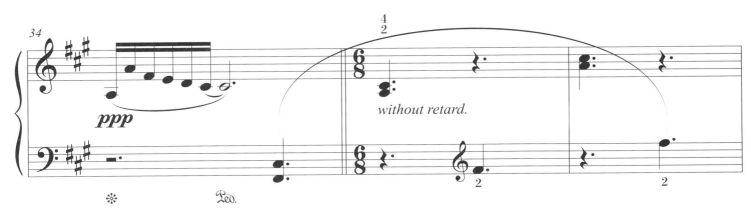

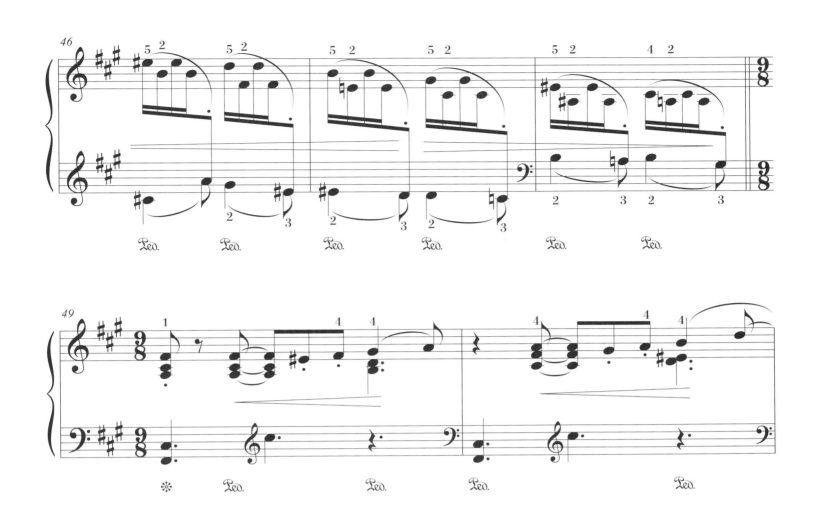

이 곡은 비매품 〈홍예나의 시크릿 노트〉에 수록된 해설판으로, 원곡 악보는
〈홍예나의 콩쿠르 곡집 2 : 피아노가 재밌어지는 최신곡 편〉 18쪽에서 확인하실 수 있습니다.

Little Tarantella
Miniatures, Op.33 No.6 〈작은 타란텔라〉

Samuel Maykapar

곡의 구성
- A : b단조, 초조, 긴박함, 불안감을 주는 조성(ex. 쇼팽 스케르쵸 1번)
- B : D장조, 관계 장조, 평온함, 안도감
- A-2 : f♯단조, 첫 주제가 5도 상행되어 반복, 매우 고조된 클라이맥스
- C : 코다

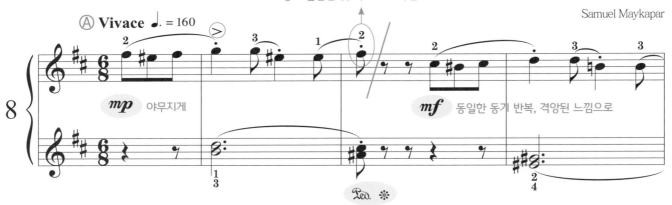

동기 끝음은 첫 박이어도 악센트 X

동기 끝음이 단절되지 않게 자연스러운 울림을 주는 페달

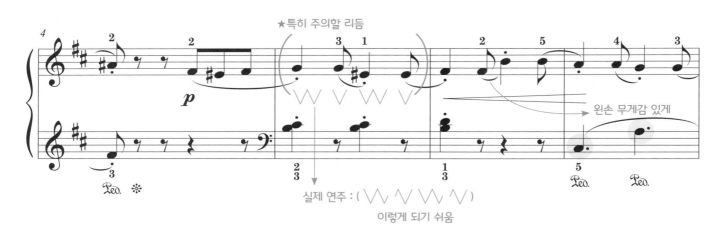

★특히 주의할 리듬

실제 연주 : 이렇게 되기 쉬움

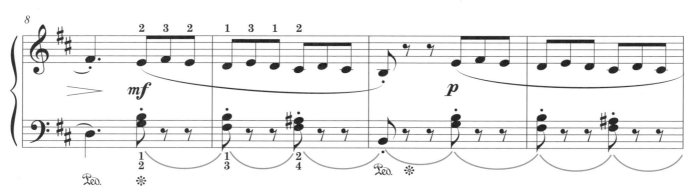

왼손 간격 균등하게, 특히 템포가 빨라지면 리듬감이 약해지며 몰리기 쉬운 위험 구간
귀로 왼손 간격 듣기→ 리듬감 향상의 가장 좋은 방법

긴장감을 주는 화성
(고조되는 진행이므로 크레셴도)

왼손 스타카토는 시종일관 아주 짧게 지속할 것
스타카토가 짧을수록 곡의 박진감이 살아나며, 둔할수록 연주가 투박해지고 빠른 춤곡의 느낌이 살지 못함

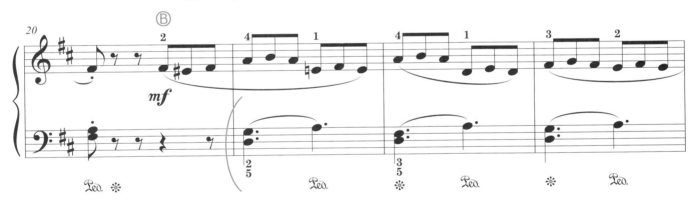

평온한 장조 조성으로 바뀌며 단조로운 A악절과 달리 음가가 길게 지속되는 반주로 안정감을 줌

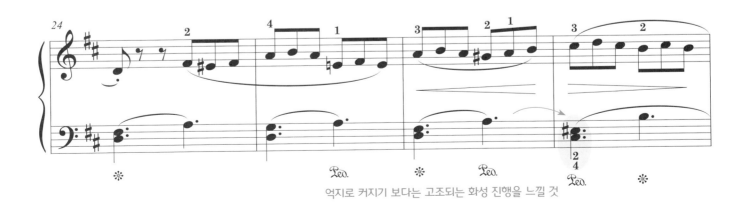

억지로 커지기 보다는 고조되는 화성 진행을 느낄 것

홍예나

선화예중 | 선화예고 2학년 재학 중 도러
러시아 St. Petersburg Conservatory 졸업 (차이콥스키 국제 콩쿠르 심사위원장 역임한 글라브첸코 사사)
재학 중 St. Petersburg Youth 오케스트라와 협연
핀란드 Espoo Music Academy 피아노 교수법 과정 수료
러시아, 북유럽에서 다수의 연주 활동
전국 수백회의 세미나에서 콩쿠르 곡 강의
현재는 네이버 카페 Yena Method 운영 중

저서 알라딘 MD선정 '2017 올해의 책' [에세이] 나는 오늘부터 피아노를 치기로 했다.
콩쿠르 · 연주회를 위한 피아노 레퍼토리 1~2
홍예나의 임팩트 소나티나 1~2
피아노가 재미있어지는 홍예나의 콩쿠르 곡집 [연주 효과 좋은 곡 편] [콩쿠르 대상 받는 곡 편]
숨은 명곡 발굴 전문가 홍예나의 콩쿠르 곡집 1~3
전체 대상 받은 곡 모음집 홍예나의 콩쿠르 곡집 [저학년 추천 편] [고학년 추천 편]
홍예나의 깊이가 남다른 이지 소나티나 1~3

무대에서 빛나는 참신한
곡 모음집

홍예나의

콩쿠르 곡집

저자 홍예나
발행인 김두영
전무 김정열
콘텐츠기획개발부 김승아
디자인기획개발부 이은경, 김봄
제작 유정근
마케팅기획개발부 이천희, 이두리, 신찬
경영지원개발부 윤순호, 권지현, 한재현

발 행 일 2024년 10월 23일(1판 1쇄)
2025년 4월 10일(1판 2쇄)

발 행 처 삼호ETM (http://www.samhomusic.com)
경기도 파주시 문발로 175
마케팅기획개발부   전화 1577-3588   팩스 (031) 955-3599
콘텐츠기획개발부   전화 (031) 955-3589 팩스 (031) 955-3598
등   록 2009년 2월 12일 제 321-2009-00027호

ISBN   978-89-6721-547-7

제 품 명 : 도서	주 소 : 경기도 파주시 문발로 175	
제조사명 : 삼호ETM	문의전화 : 1577-3588	
제조국명 : 대한민국	제조년월 : 판권 별도 표기	
사용연령 : 3세 이상	KC마크는 이 제품이 공통안전기준에 적합하였음을 의미합니다.	